What is Inside ?

1. A to Z Calligraphy Alphabet (Capital & Small case) with Practice Space

2. Slanted Lines Sheets for Calligraphy Alphabet, Word and Sentence Practice

How to Use This Book

1. Practice A to Z Alphabet Both in Capital and Small Cases

2. Now Try to Write Down By Ownself in Slanted Pages

3. Then try to build Word using Start point and End Point of each alphabet

a a a

a a a

a a a

a a a

a a a

a a a

a a a

a a a

a a a

a a a

a a a

a a a

A A A

A A A

A A A

A A A

A A A

A A A

A A A

A A A

A A A

A A A

A A A

A A A

b b b

b b b

b b b

b b b

b b b

b b b

b b b

b b b

b b b

b b b

b b b

b b b

B B B

B B B

B B B

B B B

B B B

B B B

B B B

B B B

B B B

B B B

B B B

B B B

C C C

C C C

C C C

C C C

C C C

C C C

C C C

C C C

C C C

C C C

C C C

C C C

C C C

C C C

C C C

C C C

C C C

C C C

C C C

C C C

C C C

C C C

C C C

C C C

d d d

d d d

d d d

d d d

d d d

d d d

d d d

d d d

d d d

d d d

d d d

d d d

D D D

D D D

D D D

D D D

D D D

D D D

D D D

D D D

D D D

D D D

D D D

D D D

e e e

e e e

e e e

e e e

e e e

e e e

e e e

e e e

e e e

e e e

e e e

f f f

f f f

f f f

f f f

f f f

f f f

f f f

f f f

f f f

f f f

f f f

f f f

F F F

F F F

F F F

F F F

F F F

F F F

F F F

F F F

F F F

F F F

F F F

F F F

g g g

g g g

g g g

g g g

g g g

g g g

g g g

g g g

g g g

g g g

g g g

g g g

G G G

G G G

G G G

G G G

G G G

G G G

G G G

G G G

G G G

G G G

G G G

G G G

h h h

h h h

h h h

h h h

h h h

h h h

h h h

h h h

h h h

h h h

h h h

h h h

H H H
H H H
H H H
H H H
H H H
H H H
H H H
H H H
H H H
H H H
H H H
H H H

i i i

i i i

i i i

i i i

i i i

i i i

i i i

i i i

i i i

i i i

i i i

i i i

f f f

f f f

f f f

f f f

f f f

f f f

f f f

f f f

f f f

f f f

f f f

f f f

j j j

j j j

j j j

j j j

j j j

j j j

j j j

j j j

j j j

j j j

j j j

J J J

J J J

J J J

J J J

J J J

J J J

J J J

J J J

J J J

J J J

J J J

J J J

k k k

k k k

k k k

k k k

k k k

k k k

k k k

k k k

k k k

k k k

k k k

k k k

K K K

K K K

K K K

K K K

K K K

K K K

K K K

K K K

K K K

K K K

K K K

K K K

ℓ ℓ ℓ

ℓ ℓ ℓ

ℓ ℓ ℓ

ℓ ℓ ℓ

ℓ ℓ ℓ

ℓ ℓ ℓ

ℓ ℓ ℓ

ℓ ℓ ℓ

ℓ ℓ ℓ

ℓ ℓ ℓ

ℓ ℓ ℓ

ℓ ℓ ℓ

L L L
L L L
L L L
L L L
L L L
L L L
L L L
L L L
L L L
L L L
L L L
L L L

m m m

m m m

m m m

m m m

m m m

m m m

m m m

m m m

m m m

m m m

m m m

m m m

M M M

M M M

M M M

M M M

M M M

M M M

M M M

M M M

M M M

M M M

M M M

M M M

n n n

n n n

n n n

n n n

n n n

n n n

n n n

n n n

n n n

n n n

n n n

n n n

N N N

N N N

N N N

N N N

N N N

N N N

N N N

N N N

N N N

N N N

N N N

N N N

O O O

O O O

O O O

O O O

O O O

O O O

O O O

O O O

O O O

O O O

O O O

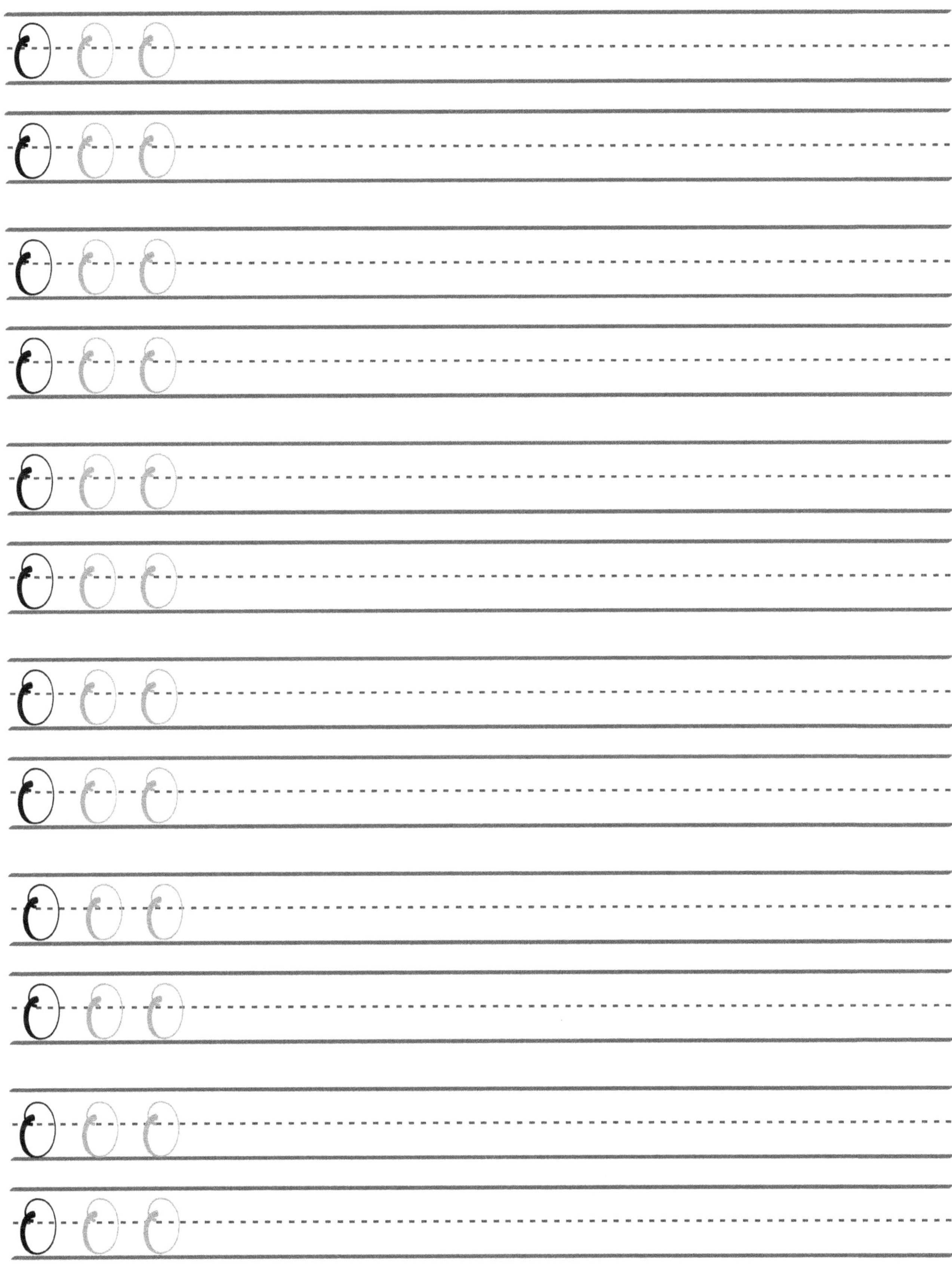

P P P

P P P

P P P

P P P

P P P

P P P

P P P

P P P

P P P

P P P

P P P

q q q
q q q
q q q
q q q
q q q
q q q
q q q
q q q
q q q
q q q
q q q
q q q

Q Q Q

Q Q Q

Q Q Q

Q Q Q

Q Q Q

Q Q Q

Q Q Q

Q Q Q

Q Q Q

Q Q Q

Q Q Q

Q Q Q

r r r

r r r

r r r

r r r

r r r

r r r

r r r

r r r

r r r

r r r

r r r

r r r

R R R

R R R

R R R

R R R

R R R

R R R

R R R

R R R

R R R

R R R

R R R

R R R

S S S

S S S

S S S

S S S

S S S

S S S

S S S

S S S

S S S

S S S

S S S

S S S

S S S

S S S

S S S

S S S

S S S

S S S

S S S

S S S

S S S

S S S

S S S

S S S

t t t

t t t

t t t

t t t

t t t

t t t

t t t

t t t

t t t

t t t

t t t

t t t

F F F

F F F

F F F

F F F

F F F

F F F

F F F

F F F

F F F

F F F

F F F

F F F

u *u* *u*

u *u* *u*

u *u* *u*

u *u* *u*

u *u* *u*

u *u* *u*

u *u* *u*

u *u* *u*

u *u* *u*

u *u* *u*

u *u* *u*

u *u* *u*

U U U U

U U U U

U U U U

U U U U

U U U U

U U U U

U U U U

U U U U

U U U U

U U U U

U U U U

U U U U

U U U
U U U
U U U
U U U
U U U
U U U
U U U
U U U
U U U
U U U
U U U

V

V

V

V

V

V

V

V

V

V

V

V

W W W

W W W

W W W

W W W

W W W

W W W

W W W

W W W

W W W

W W W

W W W

W W W

W W W

W W W

W W W

W W W

W W W

W W W

W W W

W W W

W W W

W W W

W W W

W W W

x x x

x x x

x x x

x x x

x x x

x x x

x x x

x x x

x x x

x x x

x x x

y y y

y y y

y y y

y y y

y y y

y y y

y y y

y y y

y y y

y y y

y y y

y y y

Y Y Y

Y Y Y

Y Y Y

Y Y Y

Y Y Y

Y Y Y

Y Y Y

Y Y Y

Y Y Y

Y Y Y

Y Y Y

Y Y Y

z z z

z z z

z z z

z z z

z z z

z z z

z z z

z z z

z z z

z z z

z z z

e e e

e e e

e e e

e e e

e e e

e e e

e e e

e e e

e e e

e e e

e e e

e e e